Para

com votos de paz.

DIVALDO FRANCO
PELO ESPÍRITO RABINDRANATH TAGORE

Pássaros Livres

Salvador
5. ed. – 2021

©(1990) Centro Espírita Caminho da Redenção – Salvador, BA.
5. ed. (1ª reimpressão) – 2021
500 exemplares (milheiros: 14.000)

Revisão: Iana Vaz
Editoração eletrônica: Marcus Falcão
Capa: Cláudio Urpia
Coordenação editorial: Lívia Maria Costa Sousa
Produção gráfica:
LIVRARIA ESPÍRITA ALVORADA EDITORA
Telefone: (71) 3409-8312/13 – Salvador (BA)
Homepage: <www.mansaodocaminho.com.br>
E-mail: <leal@mansaodocaminho.com.br>

Dados Internacionais de Catalogação na Publicação (CIP)
(Catalogação na fonte)
Biblioteca Joanna de Ângelis

F825   FRANCO, Divaldo Pereira
Pássaros Livres. 5. ed. / Pelo Espírito Rabindranath
Tagore [psicografado por] Divaldo Pereira Franco. Salvador:
LEAL, 2021.
88 p.
ISBN: 978-85-8266-177-2
1. Espiritismo 2. Psicografia I. Franco, Divaldo II. Título

CDD: 133.93

DIREITOS RESERVADOS: todos os direitos de reprodução, cópia,
comunicação ao público e exploração econômica desta obra estão reservados, única e exclusivamente, para o Centro Espírita Caminho da
Redenção. Proibida a sua reprodução parcial ou total, por qualquer
forma, meio ou processo, sem a expressa autorização, nos termos da
Lei 9.610/98.

Impresso no Brasil
Presita en Brazilo

SUMÁRIO

Pássaros livres	7
Pássaros de luz	9
Os pássaros das recordações	11
A caridade	12
Sonho e espera	14
Em que dia?	15
Carma de desespero	16
Viver para o bem	17
Fantasia em dor	18
Exaltação	19
Ânsia de plenitude	20
Lugar de amor	22
I	25
II	27
III	28
IV	30
V	31
VI	32
VII	33
VIII	34
IX	35
X	36
XI	37
XII	38
XIII	39
XIV	40
XV	41
XVI	42
XVII	44
XVIII	45

XIX	46
XX	47
XXI	48
XXII	49
XXIII	50
XXIV	51
XXV	52
XXVI	53
XXVII	54
XXVIII	55
XXIX	56
XXX	58
XXXI	60
XXXII	62
XXXIII	64
XXXIV	66
XXXV	67
XXXVI	69
XXXVII	70
XXXVIII	71
XXXIX	72
XL	73
XLI	74
XLII	75
XLIII	76
XLIV	77
XLV	78
XLVI	79
XLVII	80
XLVIII	81
XLIX	82
L	83
LI	84

Pássaros livres

Os meus são cantos que o coração desata em arrebatamentos ricos de emoção.

As minhas são canções que a ternura liberta das entranhas da alma e atira no rumo dos ventos viageiros, para que vençam as distâncias.

Tenho a sensibilidade aguçada pelo amor e libero a música doce da esperança que jaz na janela da minha pequenez.

Espalho pelo ar as notas do pentagrama que a vida entoa no profundo do meu ser.

Buscando o meu Rei e meu Senhor, modulo o meu verbo e chamo, e canto e suplico.

Pássaros livres, eles voam ganhando espaço na direção do infinito, e se vestem de luz.

Durante as pesadas monções e no período das secas, os meus pássaros, da mesma forma, cantam em liberdade, enriquecendo a paisagem de som e emoldurando-a de beleza.

Os meus cantos são poemas vivos de amor que se libertam da gaiola estreita da emoção onde nascem e vencem a amplidão, como pássaros da felicidade.

Aceita, meu Senhor, as minhas melodias, e faze que elas sejam sempre os pássaros livres portadores de paz e anunciadores da primavera perene para todos os infelizes do mundo.

Assim cantarei, e os meus serão poemas e canções imortais.

Salvador, 22 de agosto de 1990.
R. TAGORE

Pássaros de luz

Os pássaros, em revoada, anunciam a cor luxuriante e a riqueza da primavera que desponta.

O Sol espia com luz dourada a Terra exuberante.

O zagal toma da avena e sopra-lhe a melodia da ternura em notas de amor.

O vento brando conduz a sua música pelos vales, bailando no ar, aplaudida pela magia da Natureza em festa.

– Vem, amado Rei! – parecem chamar as vozes inarticuladas dos corações.

– O carro do Dia avança pelas estradas do zimbório celeste iluminado – afirmam os afetos ansiosos – e só Tu ainda não chegaste.

"Os poetas cantam, e seus versos são pássaros de luz, que tecem a túnica nupcial para o Amor e o Amado.

"Ouve-lhes as vozes.

"Mergulha nos rios transparentes das suas palavras e ausculta-lhes os sentimentos escondidos pela suavidade das suas canções.

"Todos eles aspiram por voar, vencer os espaços infinitos e ganhar os tempos sem fim, no aconchego macio dos Teus braços vigorosos.

"Os seus apelos e ansiedades espraiam-se aguardando-Te."

No grande silêncio que se fez, repentinamente, o Cantor desatou as melodias da sua garganta, e a paisagem ouviu-lhe a sinfonia:

– Eu sou o Amor que recolhe os pássaros canoros da Terra, a fim de os libertar nas gloriosas planuras do Céu, em plenitude, longe dos sofrimentos e das necessidades.

"Enquanto as suas vozes fizerem estremecer os homens, eu estarei feliz com o mundo, pois que, onde houver poetas, a esperança ali adeja até lograr vencer o caminho que os levará ao Éden anelado."

Cantai, pois, pássaros de luz, nesta primavera intérmina de amor, e deixai-vos cativar por vosso Rei.

Os pássaros das recordações

As minhas lembranças alcançam a profundidade que a memória lhes faculta.

São aves de arribação que, periodicamente, fogem do inverno passado, buscando o calor agradável do verão atual, sobrevoando as paisagens em cinza, difíceis de ser reconstruídas.

Nesse espaço de tempo, que é o dia de hoje, sempre fugaz, elas se tornam a marca da perenidade, cobrindo as distâncias colocadas pela viagem incessante das horas.

A sua presença, sombreia-me ora com a tristeza dos erros cometidos, vezes outras com a luz das ações dignificantes, num calidoscópio mágico de retornos e de fugas.

Correm lágrimas de arrependimento pelos meus olhos, que o beijo quente da alegria devora, sempre que me chegam os pássaros das recordações.

Porém, sua presença somente me atinge, quanto permite a gaiola da minha memória, que os liberta.

A caridade

Ela chega, suave e ridente como o claro rosto do Dia. Embriaga de perfume e canta melodia de rouxinóis aos ouvidos do sofrimento, chilreando como colibris em festa de primavera feliz.

Clareia com o archote do amor as sombras dominadoras e as devora em hausto de infinita ternura, deixando bênçãos...

...E passa como o amortecer da tarde, deixando róseas marcas sobre as nuvens fugidias, a fim de mergulhar no zimbório celeste, para lucilar no festival de estrelas prateadas do Infinito...

Todos a ambicionam e poucos a possuem, muitos a anelam e raros a desdobram, por isso ela é a mãe das virtudes e a excelência da expressão da Vida, a serviço de Deus entre os homens.

Alma da caridade e sopro de vida, constitui o esforço do homem à mais elevada busca da conquista espiritual.

Corta e rasga com o teu punhal de amor a sombra da minha vida e prenhe de luz governa o país do meu coração, caridade sublime; a fim de que nunca mais eu tropece nos obstáculos da minha ignorância, que tento superar!

Domina-me, alma do amor, de tal modo, que o poema-canção da caridade irrompa do meu sentimento, na direção da garganta do mundo, entoando o teu hino de paz e de beleza incomparável.

Sonho e espera

Fez-se um círio votivo e deixou-se consumir na chama bruxuleante que lhe gastou o combustível.

Anelava por encontrar o amor, e em vez de investir na vida, recuou para a consumpção da alegria, sem dar-se conta que a noite salpicada de estrelas anuncia o sorriso do dia no rosto do amanhecer.

Por isso, enquanto haja esperança de amor e permaneça a vibração da ternura nos corações, quem ama se deve repartir em serviço, aguardando que chegue o Sol da plenitude, que nunca falta.

Sonha, portanto, doce e benfazeja expectativa de ventura, atapetando com flores de laranjeira o chão da tua choupana de abnegação, a fim de que os pés do Amado pousem suavemente junto aos teus, quando ele descer da carruagem de plumas e guizos à tua porta, e pedir-te para entrar, dominando o recanto do teu coração, aquele lugar que tens guardado para Ele.

Em que dia?

A música da Tua voz penetrou-me como um raio e nunca mais desapareceu na acústica do meu ser.

O perfume da Tua presença impregnou-me de forma insuperável, jamais se apartando de mim.

O conteúdo da Tua palavra dominou-me a razão e alterou para sempre os rumos da minha vida.

A vibração da Tua bondade enlevou-me, conduzindo-me a viver no país da abnegação, sustentando as minhas aspirações de beleza.

O encantamento da Tua pobreza fez-me despir os trapos e os atavios que me sufocavam, auxiliando-me na tarefa da libertação.

O sorriso da Tua face emoldurada de tristeza comoveu-me tanto, que me fiz melancólico, a fim de imitar-Te o semblante comovedor.

Oh! Conquistador Inconquistado! Em que dia poderei repetir, como a Tua voz, as palavras que me disseste, aprofundando o pensamento, de forma a musicar as ações da caridade e despojar-me das joias das paixões, para, então, embriagar de sorrisos os tristes peregrinos sem rumo?

Carma de desespero

Por onde eu fujo, encontro-te adiante, e me atormento. Por mais que me afaste de ti, mais te impregnas em mim. Rompo as amarras e me encontro atado às tuas constrições.

Inundo-me de preocupações para esquecer-te; todavia, a tua recordação se me faz mais veemente.

Saio da paisagem na qual te encontras; mas, assim mesmo, em qualquer lugar reapareces aureolado de evocações queridas.

Tu me vens do longe dos tempos e eu te sigo no encalço.

Agora que te encontro, não te tenho, e quando me queiras, eu terei partido.

Eu peço: – *Hoje!*

Tu respondes: – *Amanhã!*

E a voz da consciência me repete: – Ontem, no próximo e longínquo tempo ido, tu estiveste comigo, por isto eu venho, desde então, empós, chorando e sorrindo, buscando-te e perdendo-te.

Carma dos deserdados, tu que és o rio contínuo da roda imensa das reencarnações, liberta-me de mim mesmo, a fim de que eu possa voar sem limitação para o repouso no Infinito!

Viver para o bem

Cantava um *mantram* profundo, enquanto ajoelhada, aspirava o incenso de nardo, que bailava, ameno, no ar perfumado.

Buscava a paz do *Nirvana*, embora ansiasse pelo prazer da Terra.

Fugia, pela meditação, do tormento do mundo, e levava, durante a evasão, a saudade da noite de luar e da melodia do vento no arvoredo, na ocasião em que o amor lhe pronunciou as palavras ardentes que lhe fizeram intumescer o coração.

Buscava o Amado Eterno, não logrando, porém, romper os laços com o amado terreno, que a abandonara...

...E porque o canto da prece não lhe pudesse acalmar a paixão, deixou o rito, procurou o próximo em sofrimento e, na ação luminosa da caridade, encontrou-se consigo mesma e com o Amor Supremo, passando a desfrutar de plenitude.

Fantasia em dor

Ágil como o pensamento me envolveste a casa mental, levando a minha emoção a transbordar em catadupas de sonho.

Forte como a verdade me tomaste a imaginação e a levaste aos cimos das concepções arrebatadoras.

Dominador como o medo conseguiste vergar-me à tua presença, não me concedendo nenhuma outra alternativa, senão a de submeter-me, resignadamente.

Grandioso como um sol te constituíste a claridade única dos meus dias.

Eu era verde, embora envelhecido; inexperiente, apesar de vivido; ansioso, não obstante, cansado; amante, sem contudo haver provado do néctar do amor; por isso, não te identifiquei de pronto.

Só ao longo do tempo é que verifiquei que és a fantasia, não a Realidade, a amizade, jamais o Amor, o desejo, e nunca a Felicidade do prazer profundo...

Assim, passaste rápida como um raio, dolorosa como um espinho cravado na alma, permanecendo indiferente a mim, qual um bloco de mármore não trabalhado...

Reúno, agora que desperto, os escombros em que me deixaste a alma, para seguir na busca do Bem, que é a etapa final da minha peregrinação demorada.

Exaltação

Senhor meu, meu Rei:

eu vos amo, com igual delicadeza com que a brisa rocia a flor pela madrugada;

eu vos adoro, com o mesmo entusiasmo da ave canora saudando o dia;

eu vos respeito, com a ternura semelhante à da criança sorridente com o seu reflexo na água tranquila da fonte;

eu vos busco, com a força da fome devoradora do coração em soledade;

eu vos bendigo, com o ritmo da música silenciosa dos astros no zimbório, cantando a sonata de luz em plena noite;

eu vos necessito, como o órfão ao pai;

eu vos espero, como a noiva ansiosa aguarda o futuro nubente...

Por isso, a minha prece é despida de atavios, de rogativas, de necessidades, e feita de sublime desejo, que expresso, dizendo:

"Rasga, rasga com o Teu punhal de luz toda a sombra que me envolve, a fim de que Tu somente, em domínio total, no país do meu ser, Te tornes o Senhor, que me domina e me agrada sem cessar."

Ânsia de plenitude

As palavras que me pronunciaste, não eram aquelas que desejavas enunciar. Fui eu quem as colocou na tua voz.

As atitudes que tiveste para comigo não eram as que pretendias exteriorizar. Fui eu quem te estimulou a externá-las.

Os sentimentos que me apresentaste, não eram os que guardavas no teu íntimo em relação a mim. Fui eu quem te levou a possuí-los.

As emoções que me concedias como resposta aos meus apelos, não representavam o teu estado de alma. Eram as minhas ansiedades que te impunham a reciprocidade.

O teu amor para comigo, não era conforme o sentias, mas, segundo as circunstâncias que eu te impunha...

Confesso que eu delirava na minha avidez afetiva, gerando, a tua volta, um clima de estados psicológicos controvertidos.

Às vezes, notava o teu aturdimento, a tua angústia.

És um Sol e eu débil lamparina.

És um Oceano e eu pequena baga de chuva.

És um incêndio e eu pobre chama.

És o dia da vida e eu um minuto do teu tempo.

És o Amor, e eu apenas a necessidade de fruir-te, penetrado pela doce irradiação da tua presença.

Agora, que descubro quem és e como te sentes ao meu lado, empalideço de vergonha por não ter sabido amar, embora ainda enrubesça, na fantasia dos meus desejos, por haver-te querido tanto, de tal forma, que temo perder-te e tremo por não te haver jamais conquistado.

Mesmo assim, eterno amor, desce do teu carro estelar, e vem, por primeira vez, conforme sentes e és, sem te importares com o que anelo que me digas e faças, e passa pela estreita porta dos meus sentimentos, habitando, por um instante, a casa vazia que tenho reservada para ti, na rica província dos meus anseios de criatura que, desejando o amor de plenitude, emaranhou-se nos impedimentos da paixão.

...E quando te fores, deixa o rastro de luz da tua passagem para que eu te siga, logrando, além do tempo, estar contigo para sempre.

Lugar de amor

Em todo indivíduo existe
um recanto imaculado,
virgem, inexplorado,
silencioso, profundo...

Em toda criatura permanece
um mundo,
santo e ignorado,
nunca dantes penetrado,
aguardando,
enriquecido de ternura...

Há, no abismo de toda alma,
um rochedo,
um lugar, uma ilha,
um paraíso,
recanto de maravilha
a ser descoberto...

Em todo coração se demora
um espaço aberto para a aurora,

um campo imenso
a ser trabalhado,
terra de Deus,
lugar de sonho,
reduto para o futuro...

Em toda vida
há lugar para vidas,
como em toda alegria
paira uma suave melancolia
prenunciadora de aflição.

Há, porém, um lugar em mim,
na ilha dos meus sentimentos não desvelados,
um abismo de espera,
um oceano de alegria,
um cosmo de fantasia,
para brindar-Te,
meu Senhor!

Vem, meu amado
Rei e Senhor,
dominar a minha ansiedade,
conduzir-me pela estrada
da redenção.

E toma desse estranho e solitário país,
reinando nele e o iluminando
com as Tuas claridades celestes,

para que, feliz, eu avance,
até o desfalecer das forças,
no Teu serviço libertador.

Vem, meu Rei,
ao meu recanto
e faze de minha vida
um hino de serviço,
e por Ti uma perene
canção de amor.

I

O *ashram*[1], ornamentado, recendia o aroma dos jasmins alvinitentes, e o altar, adornado sob os braços da figueira sagrada, apresentava *Krishna* tocando a flauta de pastor.

O vento penteava o arvoredo, e o olho luminoso do Sol espiava do alto, além das nuvens viageiras, o cenário para a adoração.

Vi-Te surgir, então, meu Senhor e meu Rei, suavemente, deslizando com os pés descalços e a túnica rociando o chão.

O pó se acalmava sob os Teus passos, e o silêncio da Natureza calou a boca da multidão ansiosa.

As pessoas que aguardavam a Tua presença, eram um mar de ondas alvas movediças, que se aquietaram.

Entre elas eu Te cantava o *OM SAI RAM*[2] com a emoção controlada, aguardando o Teu olhar complacente e o Teu sorriso de benignidade.

Vi-Te chegar, deslumbrado. Achegares-Te a mim e, do Teu colar desprendeu-se uma flor que me caiu sobre as mãos em concha voltadas na Tua direção.

---

1. *Ashram*: morada.
2. OM SAI RAM: Glória a Deus - Mãe e Pai.

Colhi-a com sofreguidão.

Tu a fitaste e, sem uma palavra, ma ofereceste, a fim de que eu soubesse que o Teu amor para comigo me impregnaria para sempre, mas, a nossa convivência ali, seria tão breve como a vida que nela se esvaía...

Vejo-Te seguir além, e, na claridade do dia, amando a Tua presença, eu me pergunto se foi um homem-deus ou um deus-homem que passou por mim, chamando-me, a fim de que eu possa sair da minha infinita pequenez na direção da Tua incomparável grandeza.

II

teu sorriso infantil apresentou-me o alvo colar de pérolas dos teus dentes, nesse rosto escuro aureolado pelos cabelos bastos e negros.

Os teus olhos profundos e tristes brilharam com opacidade, sem acompanhar os movimentos da face.

Tentaste demonstrar-me alegria e estavas melancólico.

És tão pequeno e já tão amadurecido na dor!

A poeira cobria-te o corpo disfarçado em andrajos imundos.

E os teus pés marcados nunca haviam recebido o conforto de qualquer sandália amaciando o chão.

Há quem diga que és o futuro da Humanidade, mas te destroem o presente com indiferença cruel.

Esmagam-te os adultos e poderosos insensíveis, a fim de que aprendas a ser frio e mau.

Todavia, és um céu, por enquanto escuro, que logo mais se coroará de estrelas.

Nas águas mortas, o lótus se ergue e explode em beleza, acima delas, sem contaminar-se. Assim também farás tu.

Não escondas as pérolas alvinitentes do teu sorriso, mesmo que a tua face esteja em sombras de dor, pois que, mais tarde, terás substituída a melancolia pelo meio-dia esplendente da vitória sobre o mal, que a Vida te concederá.

III

Na ligeira abertura do seu sari brilhavam os olhos, quais duas gotas de luz.

O som dos seus braceletes e dos guizos nos pés me penetraram os ouvidos, enquanto o perfume de jasmins presos aos seus cabelos me entonteceram de emoção.

Imediatamente o corcel dos desejos galopou pelo meu corpo e a ansiedade me turbou a lucidez.

Segui-a até o templo, e era uma deusa que se prosternou para adorar um outro deus.

Após a oferenda, olhou-me com profunda alegria, passando por perto de mim.

Falei-lhe baixinho, quase sem voz:

– *Seguirei teus passos, aonde quer que fores.*

E ela respondeu-me:

– *Sou o destino dos anseios que matam; sou água que não sacia a sede, e prazer que não extingue o desejo.*

– *Ainda assim* – respondi-lhe, ofegante –, *acompanharei a tua viagem esperando fruir o licor das tuas concessões.*

E porque em mim era o amor jovem e impetuoso que pulsava, ela se deteve e redarguiu, penalizada:

Pássaros Livres

— *Eu sou* Kâma[3] *e tu és* Mamas[4]. *Adormece as tuas ansiedades e afoga-as logo no rio do esquecimento, a fim de que sejas feliz quando lograres conquistar* Atma[5] *com sacrifício e renúncia. Porque és moço e puro te deixarei aqui e seguirei a sós.*

Via-a desaparecer banhada pelo Sol ardente e, ardenco de desejos, mergulhei profundamente no *Budhi*[6], para viver e alcançar o *Samadhi*[7].

---

3. *Kâma*: Desejos e paixões inferiores.
4. *Mamas*: A mente.
5. *Atma*: O Eu legítimo; a consciência Superior da Divindade.
6. *Budhi:* A razão iluminada.
7. *Samadhi*: Paz em plenitude.

IV

Hoje eu me recordo de todas as lembranças que arquivei no coração.

Amanhece vagarosamente, e as nuvens coroadas de ouro se vão dissipando ao longe.

Pela varanda do pensamento desfilam todos os acontecimentos que estavam esmaecidos.

O corvo emite a música soturna da sua tristeza e o vento faz oscilar o esguio *shok* verde e altaneiro.

Esta memória viageira de mil lugares e de infinitas distâncias despeja o seu rio de arquivos silenciosos no mar da minha realidade, chamando-me a atenção.

Todos os meus gestos de carinho e todas as minhas defecções passam flutuando sobre as correntezas das recordações.

Milhares de pessoas e flores, relvas e céus, sorrisos e dores se atropelam no desfile que me assalta, mas, só Tu, meu Rei e meu Senhor, és o único destaque dominador, quem me põe lágrimas de saudades nos olhos e reacende a chama da ternura no meu coração.

Redescubro-Te e me fascino.

Esta é a razão principal de eu estar recordando: eram saudades de Ti.

Sublime festa de reencontro!

Sofrimento infinito pela distância entre Tu e mim.

V

m silêncio, continuamente, qual cisne formoso, o barco da minha existência desliza sobre as águas das sucessivas reencarnações.

De experiência em experiência recolho os tesouros de sabedoria que ora repletam a embarcação da minha vida.

Noites e dias passaram-se formando o colar dos anos enfiados na sucessão dos tempos; e eu vou, calmamente, suavemente, cumprindo o *Sanathana Dharma*[8].

A semente da Justiça estava adormecida no solo do meu coração; o embrião do Amor se encontrava latente no meu ser; a seiva da Verdade escorria oculta nos meus anseios; a linfa da Sabedoria demorava-se quieta em silêncio; a concha da Pureza permanecia fechada...

O Teu punhal, porém, vem-me rasgando em cada etapa dos contínuos renascimentos, a dura crosta da ignorância, permitindo que eu descubra todos esses valores que, afinal, são a Tua presença em mim.

Desvelando-Te e despertando-me do sonho imenso em que jazia, resplandeço-o e ilumino outros caminhos, não permitindo a vigência de treva alguma em derredor, por onde Teus pés abençoados transitarão.

---

8. *Sanathana Dharma*: Divina Lei do Dever.

VI

Este é o meu canto, Senhor, que acompanho com o vibrar da cítara do coração:

que eu permaneça justo, no lugar em que impere a injustiça;

corajoso, onde se estabeleça o medo;

digno, no meio dos corrompidos;

bom, sob o desafio da maldade;

fiel, entre os que escarnecem da honra;

pacífico e pacificador, ao lado dos combatentes e déspotas;

puro e sadio, convivendo com os viciados;

crente e humilde, ouvindo maldições e sofrendo azorragues...

A minha é a oração devocional do amor por Ti, pela vida e pelos meus irmãos ainda enganados pela ilusão do corpo.

VII

orque agora falece a piedade no coração dos homens, *Kali*[9] atira-lhes flechas de fogo e arregimenta os seus exércitos da Morte, fomentando a destruição.

As labaredas crepitantes da luxúria ardem nas almas; os petardos da insatisfação atingem os sentimentos humanos; o terremoto da revolta agita e derruba os ideais enobrecidos; a música estridente da calúnia aturde as consciências; o bafio da desconfiança envenena os seres, atirando-os, uns aos outros, no pandemônio que se estabelece.

Cerra os teus olhos para não ver, e eleva-te a *Krishna*; ouve-lhe, em silêncio íntimo, a doce flauta do pastor, seguindo-lhe os passos, enquanto *Vishnu* baila para manter a harmonia dos elementos desordenados.

Ritma o passo ao som do teu tambor, e, passada a destruição, na qual apenas os impiedosos e vãos se farão consumir, verás a primavera reverdecer a vida, e a paz dominar os homens.

---

9. *Kali*: Também chamada *Durga*, esposa de *Shiva*, deusa da sabedoria e da energia feminina.

VIII

Todos chegaram para o Festival das Oferendas com as suas guirlandas floridas e frescas.

O incenso já se espraiava nas mãos ligeiras da brisa alegre, que se perfumava.

Sobre o altar estavam postos os alimentos para a purificação.

O chão fora varrido e a poeira havia sido retirada por mãos gentis.

Quando eu cheguei, nada mais havia para fazer.

A tristeza vestiu-me de angústia e aí encontrei-me a sós com a consciência intranquila.

Eu não havia dormido toda a noite, preparando-me.

Jejuara desde a véspera, elevando-me.

Orara sem cessar, aguardando.

E agora quando chegas, meu Bem-amado, no Teu carro de resplandecente luz, enquanto os Teus outros devotos dão-Te as mais belas coisas da terra, eu, que nada trouxe, ofereço, com as mãos vazias, o meu enriquecido coração de amor por Ti.

IX

Quisera entender a Tua grandeza.
Cientistas celebrizam-Te em fórmulas complexas quão inatingíveis.
Filósofos discutem escolas que se antagonizam tentando definir-Te.
Religiões emparedam-Te nos seus templos e dogmas.
Tu, porém, que não começaste, nem terminarás, que és o Dia e a Noite, o Infinito e a molécula visível em tudo e inalcançável, permite que o Teu poeta apenas Te sinta e Te ame.
Assim mergulhando no oceano da Tua presença e viajando nos ventos que me conduzem a Ti, eu digo: arranca-me da minha pequenez para a Tua grandeza; conduze-me da ignorância para a sabedoria; retira-me a condição de morte a fim de que eu seja vida, e, totalmente embriagado em Tua luz, eu faça silêncio para que a Tua claridade entorne a ânfora de bênçãos sobre o mundo em sombras, onde eu vivo.

X

m a noite pavorosa o vento inquieto apagou a lamparina crepitante que eu preparara para iluminar a minha choupana.

Sem estrelas no céu, nem luz no lar, o meu coração se enregelou de medo e a solidão se agasalhou na minha emoção.

Fiz um silêncio de morte, a fim de escutar o tropel dos animais que puxavam o Teu carro de felicidade, e tudo quanto ouvi era só o lamento da ventania e o arrebentar das árvores açoitadas.

Passou a noite atroz, e longa foi a minha vigília assustada.

Por fim, quando me atrevi a abrir a porta para olhar a aldeia, encontrei delicado jasmim à sua entrada, anunciando-me que estiveste ali, vigilante, mas eu não Te percebera, porque estava com a alma cheia de pavor e a mente vazia de esperança.

XI

inda luz na minha caminhada solitária a claridade dos Teus olhos ardentes.

Confesso que a lembrança me aturde, pois já não sei se eram realmente olhos ou estrelas engastadas na beleza irreal do Teu rosto.

Fulminaram-me com o seu fulgor e deixaram-me cego, a fim de que nada mais eu visse além da luminosidade que possuíam.

Vislumbro o dia no seu carro de ouro, sinto-lhe as flechas de fogo disparadas por *Indra*,[10] todavia, dentro de mim está a presença do Teu olhar penetrante e devorador.

Roubaste-me, na oportunidade, a alegria, o pouco júbilo que eu possuía, já que antes, sequer, eu tinha paz.

Arranca-me desta recordação-tristeza, olhar clemente, e carrega-me nas Tuas sublimes vibrações, de modo que nunca mais eu esteja a sós nem em sombras.

---

10. *Indra*: Deus dos raios.

XII

O amor rociou-me a face, quando a ternura materna me beijou pela primeira vez.

Eu era, então, inocente e puro.

O amor fez-me arder o corpo, quando beijei a jovem ansiosa pela primeira vez.

Eu era, então, sonhador e esteta.

O amor conduziu-me ao delírio, quando mergulhei no prazer.

Eu era, então, mundano e inquieto.

O amor asserenou-me, quando o lar abriu-me as suas portas à responsabilidade da família.

Eu era, então, amadurecido e responsável.

Agora, quando a sabedoria me adorna a mente com a coroa da paz, e o corpo alquebrado liberta o Espírito, em tudo e em todos descubro o amor, que não pede e doa, que não perturba e acalma, que é o palpitar da vida no ventre da Criação.

Oh! Amor dominante! Comanda o coração humano para que somente tu sejas o senhor e o escravo dele, que, desejando dominar, faz-se dominado, e quando se te escraviza, torna-se dominador.

XIII

Babaji[11] apareceu como se fora uma espada flamejante e verberou:
"*O mundo é poço venenoso e a existência física é mortalha para cobrir os pecados. Romper com as amarras do prazer e martirizar a carne devem ser os primeiros sinais de arrependimento do mal em favor da busca de paz que o devoto irá imprimir na alma.*
"*Cantai bajans*[12] *de mortificação repetindo o nome de Deus; curvai-vos ao pó da terra e vinde após mim, que sou a vossa luz.*"

As vozes ergueram-se em ritmo de hipnose, embalaram os fiéis, levaram-nos ao êxtase, enquanto o *Babaji*, que os admoestara odiando o mundo, saiu tranquilo, partindo em veículo de exagerado luxo, para repetir os mesmos ensinamentos adiante.

---

11. *Babaji*: Paizinho; mestrezinho querido.
12. *Bajans:* Cantos devocionais.

XIV

Só Tu és o meu Deus e o meu Senhor!

Se te denomino *Rama*, ou Causa Primeira, isto é secundário. O importante é que nos conhecemos sem a necessidade de pronunciar qualquer nome.

Quando Te busco na pradaria ou nas constelações, na água do rio ou no vento dos espaços, na corça assustada ou no elefante lento, onde quer que seja fora de mim, eis que lá estás, sem que tenhas saído de dentro do meu coração.

Tu és o meu alento de vida e a força universal, o pulsar das galáxias e o coaxar dos sapos, o Amor, o Amante e o Amado...

Tu me bastas, meu Rei, e me inundas de alegria, ante o singelo fato de recordar-me de Ti.

Porque estás em mim, eu me respeito e me amo, tornando-me pousada tranquila para o repouso dos Teus pés viageiros.

Para que me preocupar com os nomes que Te dão?

Só Tu és o meu Deus e o meu Senhor!

E o és porque me conheces e eu Te conheço também.

XV

A Indesejada acercou-se do meu lar acompanhada pelo sombrio cortejo dos sofrimentos.
A sua presença logo foi percebida no gemido agônico da enfermidade que roubava a energia da vida.

E, lentamente, o riso que soava nos cômodos da casa abafou a sua melodia, para que somente a cantilena lamentosa da aflição desconhecida abrandasse todas as vozes que murcharam nas gargantas doridas.

Rainha da noite, porque vestida de treva, suas pegadas são manchas no coração por onde passa e sua ordem soturna faz-se obedecida sem qualquer resistência.

Nunca a houvera visto antes e anelei por nunca mais voltar a vê-la.

Sonho ingênuo, este de criança que era feliz!

Pelo caminho do crescimento e dos anos, passei a encontrá-la com frequência, a admirá-la antevendo-lhe a chegada e mesmo simpatizando com a sua tenacidade irrefreável, aprendendo a compreender que, se o parto de chegada liberta o corpo do claustro materno para manter-lhe a vida, a hora da partida faz-se um parto de libertação da ave engaiolada, para a permanente Vida.

Amo-te, agora, Rainha da noite, Madrugada que és do Novo Dia.

XVI

Mãe, quando eu comecei a escrever esta carta, usei a pena do carinho, molhada na tinta rubra do coração ferido pela saudade.

As notícias, arrumadas como pérolas em um fio precioso, começaram a saltar de lugar, atropelando o ritmo das minhas lembranças.

Vi-me criança orientada pela tua paciência, e as tuas mãos seguras, que me ajudavam a caminhar, trouxeram-me o calidoscópio mental de todas as recordações, que se umedeceram com as lágrimas que verteram dos meus olhos tristes.

Assumiu forma, no pensamento voador, a irmã que implicava comigo e com quem eu teimava, fazendo-me ouvir-lhe o riso infantil, estridente.

Nossa casa formosa, entre os *ashokas*[13] as árvores de bétel, e tamarindeiros, assomou na minha emoção, e voltei aos caminhos percorridos para invadi-la novamente, como se eu fora um deus expulso do Paraíso que retornava abruptamente.

---

13. *Ashokas*: Árvore esguia, semelhante aos ciprestes.

Mãe, chegou um momento em que a carta me penetrou de tal forma, que eu já não sabia se a escrevera; e porque ela falava no meu coração dorido, voei, vencendo a distância, e vim eu mesmo, a fim de que vejas e ouças as notícias vibrando em mim.

Mãe, aqui estou. Eu sou a carta viva que ia escrever-te.

XVII

Quando ela fugiu no inverno, a terra estava sombreada pela tristeza, e as flores fecharam a sua corola, talvez solidárias com o seu gesto.

Chamei-a com amor, para que retornasse, e ela não teve ouvidos para os meus apelos, pois eles estavam tapados pela amargura.

Guardei as últimas flores para fazer um enfeite para os seus cabelos negros, trançados, e elas murcharam, perderam a vida.

Na aldeia comentaram que ela enlouquecera naquele dia em que se evadiu.

Eu chorei, porém me proibiram de pronunciar-lhe o nome.

Afoguei o meu carinho no tumultuado rio das lágrimas e deixei o tempo correr, demorado.

Agora, quando a primavera explode a Natureza com flores e perfumes, ela volta, cansada e quase sem vida.

A aldeia inteira fecha-lhe as portas, mas, estoica e purificada pelo arrependimento, enquanto os jasmins alvos se arrebentam em sorrisos aromatizados, ela murcha e perece, porque é inverno no seu coração despedaçado.

XVIII

mpara, Senhor, este poeta-menino sonhador, que o Sol abençoa no crescimento para cantar as Tuas canções! O céu beija a terra que ele pisa, e sorrindo se arrebenta em flores miúdas que brincam de tingir a grama com a variedade das cores.

Ele ainda não se corrompeu com a usura dos avarentos, nem a astúcia dos ambiciosos, nem a vulgaridade dos pervertidos.

Detém-se no encontro dos caminhos e pensa, antes de seguir, qual o mais seguro, sem bandidos e sem assaltantes, para chegar ao lugar ao qual se destina.

Ele Te ama, como a noiva que baixa o véu timidamente, para que o noivo a veja, e reconhece que a sua face é triste como a de todo poeta; porém, se o tocas com a magia da Tua grandeza, ele crescerá até a Lua e, cavalgando-a, cantará de lá para toda a Terra, a eloquência do Teu poder.

Protege, Senhor, ainda hoje, o Teu poeta-homem, puro sonhador, a quem sempre abençoaste durante a vida inteira, de modo que ao acabar o seu hausto de vida permaneçam a música do seu canto e os versos da sua música!

XIX

A música suave da Tua voz rociou-me os ouvidos e levou-me ao devaneio dos sonhos.
Eu estava com sede de ternura, como a garça necessitada de amplidão, quando o Teu canto dominou todos os espaços da minha solidão.

Passei a ver a luz dourada bailando nas folhas verdes do *babla* que estourou a sua ânfora de perfumes para abençoar o dia.

Tudo mudou diante de mim, em relação a mim, após o suave canto com que me brindaste.

As nuvens esgarçadas rasgaram seus véus de noivas e a brisa cariciosa trouxe-me frescor à face enrubescida e ardente, naquele momento inesquecível.

Não podia imaginar que o Teu amor para comigo fosse tão doce e tão profundo, que nunca mais, depois dele, senti carência de coisa alguma.

XX

A harpa solitária da estrada silenciou a música, porque o artista adormeceu na languidez do calor do meio-dia.

Os meninos da aldeia correram para casa ao chamado das mães, e há uma perturbadora quietação pelas ruas, onde o vento quente levanta o pó.

O ar asfixia, e arde a claridade do dia. É o incêndio do Astro-rei, ameaçando a tudo devorar.

Mesmo o regato murmurejante, fez-se terra ressequida e desértica.

Parece não haver um tom de beleza em parte alguma por onde caminho.

Esqueci-me, porém, de que uma alegria infinita coloca primavera no meu coração, porque ali a harpa da felicidade está sendo tangida pelas Tuas mãos afetuosas, que me acariciam a esperança.

XXI

O rio das lágrimas humanas tem o nascedouro na outra margem do oceano da vida, pois que, do contrário, por serem tão abundantes, secariam a própria nascente.

Ele verte continuamente quando a ilusão cede a casa que habita à realidade que chega e o cofre das fantasias apresenta-se vazio, após acarinhado pelas mãos sôfregas da ignorância, que pensava serem estrelas os vidros opacos e sem valor que ali guardavam.

Outras vezes, flui, quando se perde a alegria, acreditando-se que a vida também perdeu o seu valor.

Em julho, as nuvens espessas cobrem as estrelas sorridentes no céu, e as sombras campeiam durante a noite; mas, como elas são viajantes sem destino, passam, e novamente fulgem os astros divinos como se fossem os olhos formosos de Deus abençoando a Terra com luz.

Que sejam, portanto, de alegria, as lágrimas, pois que o júbilo é um capital que mais se enriquece quanto mais se reparte.

O desencanto e o sofrimento são como a fertilidade do pântano que faz desabrochar o lótus, que, não obstante esteja com as raízes na lama, não se preocupa em banhar-se para permanecer alvinitente.

XXII

O mundo aguarda o teu sorriso inocente, meu filho, pois é ele que faz girar a roda do progresso.

Enquanto sorris, confias e amas, espalhando fé e esperança.

A tua alegria ultrapassa a dimensão da tua pequenez, como a melodia da flauta se alonga além do sopro que a produz, derramando sons harmônicos pelos corredores do vento suave.

Os vínculos das experiências unem-se e separam-se, mas, a inocência deve permanecer como a eterna lâmpada acesa na casa do teu coração.

Se ouves a trovoada dos problemas, resguarda-te no sorriso de paz e recebe-a com serenidade.

Se és desafiado pelo motejo da insensibilidade, prossegue sorrindo e fazendo claridade.

O teu sorriso de inocência reafirma a certeza de que, enquanto ele brilha, *Brahma*[14] continua confiante na Humanidade.

---

14. *Brahma*: Deus criador.

XXIII

A mentira caminha tropeçando nos calhaus que vai colocando pela estrada.

A verdade passa-lhe à frente em correria, sem impedimento.

A mentira é como a névoa que se dilui ante a claridade da razão verdadeira, que a devora.

A bolha de sabão flutuante reflete a realidade só na aparência, e se arrebenta logo mais, demonstrando a sua beleza enganosa.

O espelho recolhe a imagem que defronta, qual lago tranquilo captando nas suas águas a pintura da paisagem que o cerca.

Quando a mentira se instala, ata um peso insuportável ao pescoço da sua vítima, vergando-a, sem cessar, num desgosto que se disfarça até a morte.

A verdade rompe todos os grilhões e dá força, inclusive, para a renúncia e o perdão que perfuram o balão inflado das ideias e manobras mentirosas.

Com a verdade, o homem se encontra a si mesmo, ao seu irmão e ao seu Criador, na estrutura da própria conduta, e a todos perde na mentira, perdendo-se também.

XXIV

As nuvens sobrecarregadas obscureceram a claridade do Dia e desabaram as águas de agosto, arrebentando tudo na sua passagem voluptuosa.

Os campos de mostarda e trigo, ressequidos, embriagaram-se, transformando-se em desastre...

Somente as árvores altaneiras suportaram o peso da tormenta, mesmo assim, quebradas e desfeitas.

Atrás da vidraça da casa paterna eu comparava as chuvas que fertilizam, mas destroem durante a sua passagem, com o paradoxo do corpo humano que, enquanto vive, está morrendo, a fim de que, na sua morte, a vida se liberte e a Primavera luminosa lhe propicie uma seara de bênçãos indefiníveis.

XXV

Não teimes, irmãzinha, em dizer que a vida é triste e os teus passos são solitários pela vereda por onde peregrinas.

Enquanto olhas o chão e apontas espinhos, abrolhos e lamaçal, eu te convido a que ergas a vista para cima, e descobrirás a colcha celeste distendida no zimbório com as estrelas rutilantes apontando os rumos infinitos.

XXVI

Aquieta, coração ansioso, pois que o amor está à porta, aguardando.
Não espies pela janela da ansiedade o caminho da aldeia longínqua.

Enquanto te distraías amarrando os jasmins, uns aos outros, e fazendo a guirlanda perfumada para depô-la no seu pescoço, não escutaste os guizos dos seus pés que tilintavam, à medida que ele se acercou da porta dos teus sentimentos.

Ei-lo que aí está, ansioso, em silêncio, e pulsa-lhe o coração enternecido, qual lamparina temerosa do vento que lhe ameaça a chama.

Acolchoa o chão e perfuma a sala, abrindo suavemente a porta dos teus sentimentos, para que neles habite o teu Rei e Poeta, o teu Senhor e Amado, preenchendo o vazio da tua demorada necessidade.

XXVII

Segui o ritmo das horas no encalço da ilusão, embriagando-me de sonhos.
Sonhei que amava e tudo me convidava a participar do festival do prazer.
Provei o gozo e variei o alimento abundante das sensações.
Sempre desejei que o amor me tomasse todo o corpo até a lassidão dos sentimentos.
A sede de amor era-me, então, uma fonte de inexaurível busca.
Os ponteiros do relógio prosseguem hoje no mesmo compasso, medindo o tempo, e eu cansei-me na labuta insana.
Quando já as sensações não me diziam nada, descobri que o amor estava perto da minha ambição distante e eu o perdera, próximo, que estava, ao buscá-lo na luxúria.
Mesmo tardiamente, eu lhe escuto a doce balada que me comove e ajoelho-me, emocionado, exclamando:
"Toma-me, toma-me, por inteiro, amor tranquilizante, e deixa-me sucumbir nas tuas mãos veludosas, após este cansaço devorador."

XXVIII

istendeste-me os pés, mas eu receei acariciá-los. Ofereceste-me as mãos ricas de ternura, e eu tremi sem coragem de afagá-las.

Abriste-me os braços generosos, porém, eu evitei fundir-me no Teu peito dilatado, como se fosse uma criança com frio agasalhada no colo da mãe.

Sorriste-me, convidando-me a acarinhar-Te, e eu me senti indignado de tocar Tua face.

Agora, que me pedes que eu cante, o meu *bajan* escorre suave e triste pelos meus lábios, falando do meu profundo amor por Ti e da minha infinita miséria que me impede merecer-Te.

É, porém, tão doce e melancólica a minha canção, que superando a Tua própria grandeza me tomas pela mão e me conduzes à praia do rio sagrado, para que *Brahma* também me ouça, abençoando o meu e o Teu amor, que me fazem ajoelhar e, agora, beijar os Teus sagrados pés.

XXIX

Despe, amigo, a roupagem das ilusões infantojuvenis e assume a maturidade dos teus dias.

Já passaram as horas distraídas em que os projetos lúdicos se convertiam em realidade, no mundo das fantasias.

Rasga as vestes de sonhos e enfrenta as responsabilidades que te chamam, desafiadoras, para as tarefas adultas.

A sociedade é o campo a arrotear com os instrumentos fortes da vontade e do dever.

Enquanto lamentas os dias que passam, mais velozes se acumulam as horas na ampulheta do tempo, escoando e fugindo para o passado.

Não te dás conta de que esta é a tua oportunidade feliz de escrever o futuro com os teus atos. A insistência na ignorância do dever não a descaracteriza, nem faz que ele sucumba na erosão das suas estruturas expostas ao clima de abandono.

O teu corpo atinge a plenitude das forças, mas a mente se demora nos jogos ultrapassados da infância.

A idade é cobradora inclemente, e logo mais te vergará ao peso dos anos, com os equipamentos orgânicos desajustados e sem ação autorreparadora.

Pássaros Livres

Utiliza-te do verão, que esmaece em outono cinzento, a caminho do perigoso inverno das energias exauridas.

Assume o teu papel no mundo, amigo, e muda a paisagem íntima, alterando as condições do meio onde te encontras, para melhor.

XXX

Quando a Tua música despertou-me para viver, recordo-me que me encontrava adormecido sob o anestésico do sonho.

Eu havia atravessado o pórtico do irreal e ali fixara residência, no país da fantasia.

Respirava, sorria, gozava, mas permanecia vazio, fugindo da realidade que me buscava.

Onde e quando parava, temia que acontecesse o despertar.

A felicidade do inquieto é permanecer em movimento, embora o cansaço que lhe consome as forças e aturde o pensamento, porque esqueceu a arte de raciocinar.

Assim eu me encontrava.

O ritmo do Universo convidava-me ao repouso, à quietação, ao mergulho no oceano íntimo. Se o tentava, porém, logo me afogava nas águas revoltas da minha ansiedade, retornando às praias largas da alucinação.

Acostumado à bulha, e companheiro da insatisfação, mudava de lugar como o vento perpassando no arvoredo, sem rumo, buscando fora o que lá não podia encontrar.

Eu sabia que me chamavas.

Pássaros Livres

Perdido nos desvios, receava o caminho.

Procurando o objetivo, não queria chegar, porque eu tinha certeza que, se parasse, experimentaria a Tua iluminação.

Agora, que a Tua música me despertou, aquieto-me e medito. Assim fazendo, fruo da Tua luz, que se expande de dentro de mim, iluminando-me todo.

Já não quero fugir.

Deixa-me enflorescer em sabedoria e silenciar, para ouvir a Tua voz, meu Cantor e meu Rei.

XXXI

Pela estrada poeirenta ias cantando a música festiva da esperança e anunciavas que seguias ao Festival da Colheita.

Levavas alimentos e água para as horas cansativas do largo dia.

Todos sorriam, vendo o teu júbilo, e pressentiam que, ao retorno, estarias sobrecarregado de frutos e víveres para te abasteceres na quadra hibernal.

A tua emoção gerava expectativa e as pessoas indagavam-se como, tão jovem, tiveras tempo de ensementar a terra de tal forma, que te candidatavas aos resultados de uma sega rica.

Também eu, que já conhecia o solo generoso, que sempre retribui multiplicado tudo aquilo que recebe, aguardei-te na volta.

Quando o céu se adornava de estrelas cravadas no veludo das sombras, ouvi tua voz. Corri à porta para ver-te coroado de riquezas.

Surpreso, constatei que trazias vazias as mãos, embora o rosto brilhasse com peregrina luz.

Pássaros Livres

– Onde estão os frutos e as raízes, as dádivas com que a terra te respondeu à sementeira? – indaguei-te curioso.

– Todos estão no coração – respondeste, tranquilo. – Durante o dia esparramei alegria e amor, bondade e fé nas criaturas de Deus. Agora retorno com a taça dos sentimentos repleta com a paz que decorre do dever cumprido.

A tua, bem se vê, meu filho, é a colheita imperecível dos alimentos eternos da vida. Não te canses, pois, de semear.

XXXII

Encontrei-te, criança, aturdindo as pessoas que não dispunham de tempo para brindar-te consideração. Os teus olhos, quais lanternas mágicas, brilhavam no rosto negro e sujo de pó.

Os teus cabelos empastados e o teu corpo abandonado não recebiam banho havia muito tempo.

Parecias um diamante no lodo, que logo recupera o brilho, quando retirada a lama que o macula por fora, sem lhe atingir a pureza interior.

Sorriste para mim e tocaste minha mão, como se desejasse proteção.

A tua ternura me comoveu.

Perguntei-te o nome, e me disseste:

– Tamil!

Indaguei-te onde moravas, e, sorrindo com dentes de pérola alva, respondeste:

– Em qualquer lugar, sob o olhar das estrelas e o amparo da noite.

Ficamos amigos. Desde aquele dia te amo.

Insisti para dar-te algo de mim e recusaste receber.

Então, interroguei-te outra vez:

– Que queres de mim? Posso oferecer-te qualquer coisa de que necessitas. Que desejas que te dê?

A tua resposta, meu filho, e minha luz, permanece gravada em meus ouvidos, ressoando:

– Eu não quero nada de você. Eu quero você.

A partir daquela hora aqui me tens. Ama-me, que necessito, e deixa que eu te ame, qual a praia submetida à ininterrupta carícia das ondas do mar.

XXXIII

Tu abriste a porta da tua choupana, sem perguntar-me nada, e me deste abrigo durante a noite de frio. As tuas mãos gentis me ofereceram *nam*[15] e me nutriste.

Havia paz no teu lar, e a laranjeira do lado de fora derramava a taça de perfume no ar, que inebriava o ambiente com aroma doce.

O teu silêncio respirava ternura e veneração pelo anônimo que te pedia abrigo.

Quando o dia surgiu risonho, devendo prosseguir a jornada, apontei-te uma pedra e tornei-a diamante, ofertando-a para agradecer-te a hospedagem.

Porque permanecesses triste, indaguei-te o que querias de mim.

Agigantando-te como uma aurora que vence as sombras teimosas, demonstraste a grandeza da tua ambição, e pediste:

– Dá-me a sabedoria que despreza todas as coisas transitórias, ensinando-me a ter alegria na pequenez e na adver-

---

15. *Nam*: Pão especial, semelhante a pastel, porém sem recheio.

Pássaros Livres

sidade, e humildade quando adornado de poder ou cercado de bajulação.

Naquele momento, vi que não podia ir além, pois em ti encontrara o discípulo que buscava. Por essa razão, fiquei contigo, ensinando-te a técnica da iluminação.

XXXIV

Que queres de mim? – indagava o *Babaji*.

A jovem enamorada pediu-lhe a união matrimonial com o noivo receoso.

O homem inquieto solicitou uma gema, a fim de tranquilizar-se.

O enfermo em agonia rogou a dádiva da saúde.

A mulher afadigada pelo amor de mãe suplicou poder e fortuna para os filhos dissipadores.

Cada qual revelou ao Mestre a necessidade exterior, demonstrando a grande pobreza de dentro, que os fazia realmente infelizes.

Tu, porém, amigo dos caminhantes da esperança, soubeste apresentar os teus desejos, quando lhe disseste:

– Abençoa minha boca para sempre dizer a verdade sem ferir; o meu coração para amar e perdoar sem cansaço; e a minha vida para exemplificar o que recomendo aos outros.

Após dar aos suplicantes o que não tinha valor e eles ambicionavam, o *Babaji* ofereceu-te as bênçãos da sabedoria desejada e deu-te a mais um sorriso de apoio e a certeza de que seguiria contigo para onde quer que fosses.

XXXV

O estudante da Vida mergulhou o pensamento na pesquisa da verdade e, dominado pela cultura, procurou compreender Deus.

A razão lhe abria os horizontes do entendimento, ao mesmo tempo queria explicar o Inconcebível através dos limites da dúvida e da lógica, sem o lograr.

Procurando o Mestre, indagou-lhe como penetrar em Deus.

Havia ansiedade e amargura na pequenez da sua imensa ignorância.

O vento na ramagem das árvores modulava uma sonata.

O Sábio, depois de meditar, apiedando-se, esclareceu:

— *O mar pode prescindir das ondas, mas não estas do oceano.*

"O finito está mergulhado no Insondável, todavia, o oposto é impossível.

"A razão capta e entende os efeitos, tendo dificuldade de compreender as causas. A mais avançada ciência é incapaz de explicar o Onipotente, embora esclareça que, no mundo dos efeitos, o que o homem não fez, Ele o realizou.

"Somente a intuição, a mais alta faculdade humana, pode penetrar nas Causas da Vida e entender o seu Autor.

"A partir daí, submergindo no oceano íntimo com ardente amor, encontrará Deus e O levará, conscientemente, por toda parte, redescobrindo-O onde se manifesta Sua presença."

O aspirante meditou na resposta, deixando-se tocar pelo profundo ensinamento e, a partir daí, voltou-se para a meditação, buscando superar a sombra da presunção e abençoar-se com a luz do Encontro Libertador.

XXXVI

Anelavas pelo triunfo, meu filho, e, por isso, partiste como flecha veloz buscando o alvo.
Teus pés andarilhos venceram caminhos e se feriram mil vezes, na louca armadilha de *ahamkara*.[16]
Querias o mundo de ilusão e estavas cego.
A posse não dá o que é essencial à vida.
Conquistaste espaço e maceraste os sentimentos, submetendo-os às circunstâncias criminosas porque desejavas vencer.
Reuniste quinquilharias de prata, de ouro e pedras cujo brilho não lhes dá calor.
Repousas o corpo em almofadas de seda, de veludo, caminhando sobre tapetes preciosos e que o tempo também consome.
Estás cansado, com fastio de tudo, sem realização interior.
Despoja-te, meu filho, de *ahamkara* e abre os braços à luz do amor, triunfando sobre ti mesmo e tornando-te um Ganges purificado para todos quantos venham banhar-se nas águas dos teus sentimentos livres.

---

16. *Ahamkara*: Ego; Literalmente significa eu faço. É o mantenedor do homem sob o domínio da ilusão.

XXXVII

Retira os teus adereços, bailarina enlanguecida, diante do altar dos deuses.

As tuas oferendas, em ouro e prata, ônix e incenso, demonstram que ainda não sabes venerar o teu Deus.

Deixa de fora o altar enegrecido pelo tempo e faze-te o templo vivo de Deus, a fim de que Ele possa entronizar-se no altar dos teus sentimentos purificados.

XXXVIII

Quando eu parti, sonhando em ganhar o mundo sem perder a paz, tu me disseste: – *Vai, meu filho, que eu estarei contigo.*

Eu era, então, muito jovem. Ambicionava conquistar tudo...

À porta da cabana, ornada com flores de laranjeira, eu te perguntei: – *Escrever-me-ás, minha mãe?*

E me respondeste: – *Nunca te deixarei sem notícias, porque estarei sempre contigo.*

Avancei pelos caminhos infinitos do tempo e aguardei a tua carta que não chegou.

Calejaram-se minhas mãos.

Sangraram-me os pés.

Curvou-me o corpo ao peso dos anos e nunca chegou uma palavra tua.

As monções torrenciais caíram dezenas de vezes e a ardência da terra matou o vergel vezes outras, às dezenas.

Eu me portava ansioso, colocado à porta da esperança, aguardando por tuas notícias.

Agora que a neve dos anos me emoldura a cabeça, e os olhos se apagam ante a claridade da luz, dou-me conta de que as notícias, mãe, a tua carta, sou eu próprio, que encaminhaste ao mundo, a fim de que nunca faltasse beleza nem esperança nos corações.

XXXIX

Não tentes precipitar o desabrochar da flor, que ainda jaz em botão.

Nesse claustro defensivo, ela se enriquece de cor e perfume, para o momento do festival de beleza, na claridade do dia.

Não imponhas que a flor exuberante desate o fruto que lhe dorme nas entranhas.

O sono demorado propicia-lhe sabor e vida na semente que o perpetuará.

Não antecipes as tuas aspirações futuras, que estão em silêncio nos redutos do tempo, aguardando a hora de realização.

A paciência é companheira da fé, que trabalha pela glória da vida.

XL

rrebenta as cordas do egoísmo que ata a carruagem dos teus sentimentos às paixões devastadoras.

Deixa-te voar nos rios da ventura superior, elevando-te acima do chavascal.

Vê o lótus branco, boiando acima do pântano e, fragilmente, embelezando a paisagem.

O coração é um veículo carregado de amor, que se deve derramar pela estrada, abençoando os famintos de ternura.

Não te encarceres na pequenez do teu sofrimento.

Desatrela os ideais e corre pelos espaços infinitos com a carruagem do teu coração aberta ao poema de luz do bem.

XLI

Sai da porta da mendicância e assume a fortuna da tua juventude.

As forças da mocidade acionam as alavancas do progresso.

Mesmo que recolhas migalhas, com as quais te contentas, abandona a posição de mendigo e cresce para a situação de doador.

És jovem, e o futuro confabula com as tuas carnes, chamando-te ao avanço.

A estrada, empoeirada e margeada de seixos, é a tua senda.

Sai da porta da mendicância e dignifica-te, trabalhando para a suprema felicidade geral.

XLII

A tua ternura irrompeu, porta a dentro da minha casa, cantando a música do enlevo e pedindo-me licença para repousar no meu coração.

Surpreendido, ante o inusitado, eu que somente venho experimentando amargura e revolta, ia dispensá-la, quando, então, dei-me conta que a suave melodia da tua voz e o doce perfume da tua presença me dominavam.

Nada pude dizer, deixando-me embalar pela magia da tua entrada na minha casa através da porta aberta da minha necessidade.

XLIII

As águas que precedem o estio, lavaram as últimas sombras que manchavam a paisagem dos meus pensamentos.

O ar perfumado do amanhecer brincava com as folhagens do *bétel* e das mangueiras frondosas em saudações amenas, anunciando-me o júbilo da Natureza lavada pelas águas que precedem o estio.

Debruço-me à janela da minha choupana e contemplo o campo sorrindo o verde da mostarda exuberante.

O seu tom me anuncia a esperança que passará a dominar os meus pensamentos desanuviados, que me guiarão no rumo da alegria.

XLIV

á-me a tua bênção, ó Iluminado! – rogou o jovem sonhador que passava diante de Buda.

O Sábio sorriu e anunciou-lhe felicidade estrada afora.

Um pouco adiante, o rapaz foi assaltado por bandidos profissionais, que o despojaram dos haveres, deixando-o quase nu.

O moço retornou, embaraçado, e interrogou o Mestre:

– Então é esta a bênção que me concedes?

O Santo, sem qualquer perturbação, fitou-o, e redarguiu:

– Abençoei-te, rogando para que fosses espoliado, ao invés de espoliador; assaltado, mas não morto; vítima e não o criminoso. O teu carma é grave, porém os teus ideais são nobres, assim merecendo sofrer, todavia, não impondo sofrimento, desta forma não te tornando mais desventurado.

Enquanto o Guru retornou à meditação, o moço prosseguiu, abençoado, louvando a experiência, que lhe permitia resgatar sem agravar o compromisso, perder coisas para ganhar a Vida.

XLV

Buscando-Te com ansiedade, ouvi dizer que estavas em lugares diversos.
Sempre quando eu chegava, não fruía a felicidade da Tua presença.
Somente quando resolvi abandonar-me ao Teu amor, e mergulhei no silêncio do meu mundo interior, é que Te encontrei, resplandecente e amoroso, aguardando por mim.

XLVI

Ninguém podia compreender como Te amando tanto, eu evitasse ouvir as Tuas palavras que as bocas mundanas repetiam nos dias quentes de abril como nas águas de junho, nas cabanas simples e nos templos faustosos.

Recusava-me a escutar os gurus, e o meu mantra, os ouvidos alheios não identificavam.

Acusavam-me de descrente e apedrejavam-me com calúnias.

Eu, todavia, não me perturbava, nem sofria, até mesmo quando declaravam que Tu me amaldiçoarias.

A verdade é que eu não necessitava de qualquer referencial exterior, porque Tua voz me embalava os sentimentos e a Tua presença me fazia companhia na minha solidão, que nunca desejei repartir com ninguém, porque Tu, só Tu, me podes preencher a vida.

XLVII

A calma-te, coração, e não te deixes perturbar.

Silencia, minha boca, e não emitas som algum.

Espera, sentimento meu, e não te deixes molestar pelo medo ou pela ansiedade.

A madrugada espia as estrelas quando a noite atinge o apogeu, e o grão, que se arrebenta no solo, transforma-se em vida.

Ama ao tempo.

As crianças crescem.

Os rios se movimentam.

As nuvens correm pelo ar.

Assim, também, as dádivas do meu Rei chegarão aos teus desejos tranquilos, no momento próprio.

XLVIII

Quis oferecer ao mendigo, que me distendeu a mão esquálida em súplica, tudo quanto trazia no meu alforje.

O egoísmo, no entanto, fez-me brindar-lhe, apenas, algumas côdeas de pão e parcos frutos secos.

Pobre de mim!

Não me dei conta de que o pedinte de mãos distendidas na minha direção era a oportunidade de amealhar o amor e reparti-lo multiplicado, porque somente quando se doa e se auto-oferece, a plenitude torna a vida dignificada.

XLIX

Quando ouvi pronunciar o Teu nome, a vida ainda não desabrochara em mim. Eu era criança e ignorava tudo. No entanto, tive a impressão de que já Te conhecia e amava, por isso, nunca me olvidei do Teu nome.

Mais tarde, eu caminhava livremente pelos jardins da juventude, quando novamente escutei pronunciarem Teu nome.

Como se fosse um raio de luz que varasse a noite densa, eu o senti penetrar-me e descobri que necessitava encontrar-Te.

Abandonei a taça do prazer juvenil e saí procurando-Te.

Agora, que estou vergado ao peso dos anos, o Teu nome ressoa no meu coração como uma doce canção de ternura, dizendo-me que estás entranhado em mim, porque o Teu nome é Amor.

L

ncontrei-Te peregrino das estrelas, e, emocionado, perguntei-Te a respeito de quanto tempo eu necessitaria para cobrir a distância que medeia entre Ti e mim.

O Teu silêncio, como resposta aturdiu-me.

Refazendo-me da surpresa, porque Te admiro e respeito, voltei a indagar-Te:

– Conquistador dos astros, quanto tempo me falta para alcançar-Te?

Fitaste-me, sem qualquer resposta, e desceste da minha face os Teus olhos até os meus pés...

Acreditando que havias perdido a audição, tornei a interrogar-Te, cantando:

– Ó triunfador, falta-me muito tempo para alcançar-Te?

Não reagiste, não me deste importância.

Saí, assim, em disparada de luz, quando, então, ouvi Tua voz, que me respondia:

– Agora que constato a tua velocidade na busca dos Sóis, digo-te que já estás comigo, porque logras diluir-te em claridade benfazeja!

Compreendi, por fim, que estou longe de Ti, porque ainda me faltam a sabedoria da paciência e a ciência da observação.

LI

Onde depositaste todas as moedas que te doei? Que fizeste do tesouro das horas que me tomaste? Em que investiste a fortuna das aspirações juvenis? – indagou a mãe ansiosa, ao filho recém-chegado de longe.

Ele respondeu, confiante:

–Transformei-os em amor por todos os seres sencientes; em luz de compreensão para com todos os agressores dos largos caminhos, e em paz no coração para enfrentar as vicissitudes deste mundo impermanente, na busca da plenitude, minha generosa mãe.

Anotações

Anotações

Anotações

Este livro foi impresso na
LIS GRÁFICA E EDITORA LTDA.
Rua Felício Antônio Alves, 370 – Bonsucesso
CEP 07175-450 – Guarulhos – SP
Fone: (11) 3382-0777 – Fax: (11) 3382-0778
lisgrafica@lisgrafica.com.br – www.lisgrafica.com.br